editorial**Sol90**

CUENTOS INFANTILES

© 2006 Editorial Sol 90, S.L. Barcelona

© De esta edición 2006, Diario El País, S.L. Miguel Yuste, 40, 28037 Madrid

Todos los derechos reservados

ISBN: 84-9820-295-7

Depósito legal: M-11887-2006

Idea y concepción de la obra: **Editorial Sol 90, S.L.**

Coordinación y adaptación: **Emilio López**

Ilustraciones: **Gerardo Baró**

Diseño: **Jennifer Waddell**

Diagramación: **María Nolis**

Revisión y corrección: **Carlos García**

Producción editorial: **Rosa Bayés, Montse Martínez, Xavier Dalfó**

Impreso y encuadernado en UE.

Cuentos Infantiles

EL PAIS

Garbancito

Anónimo

Ilustrado por Gerardo Baró

Imaginaos a un niño muy pequeño. Tan pequeño
que pudiera caber en la palma de una mano.
Un niño que no fuera más grande que el botón
de una camisa. O que la cabeza de un alfiler.

Que fuera tan pequeño... ¡como un garbanzo!

¿A qué parece increíble? Pues yo os digo que ese
niño existió. Hace mucho tiempo. En un país
muy lejano.

Se llamaba Garbancito.

Garbancito era un niño muy alegre. Alegre y un poco travieso, la verdad.

Como era tan chiquitín, Garbancito, después de hacer alguna travesura, se escondía en lugares donde sus padres no pudieran encontrarle: en un jarrón, dentro de una caja de cerillas, en el bolsillo de un pantalón...

–¡Garbancito, Garbancito! –le llamaban sus padres mientras le buscaban por toda la casa.

Y Garbancito, en su escondite, oía las voces de sus papás y se mondaba de risa.

Pero no creáis que Garbancito era un niño desobediente. De ninguna manera. Garbancito siempre estaba dispuesto a ayudar a sus papás. Sobre todo cuando había que hacer algún recado.

Lo que pasa es que, como era tan pequeño, sus padres temían que le sucediese algo malo. Y por eso nunca le dejaban salir solo a la calle.

Un día, su madre estaba cocinando un guiso. Pero cuando fue a echar azafrán a la olla se dio cuenta de que no tenía.

Y Garbancito, que era más listo que el hambre, le preguntó a su mamá si podía ir a comprar el azafrán a la tienda de ultramarinos.

–No, Garbancito –le respondió su madre–. Eres tan pequeño que la gente no te verá y te pisará. Iré yo.

Garbancito empezó a llorar.

–¡Por favor, por favor, mamá! ¡Déjame ir! ¡Iré cantando por la calle y así la gente me oirá aunque no me vea!

–He dicho que no. Iré yo y punto –le dijo la madre un poco enfadada.

Pero Garbancito lloró y lloró. Gimoteó y pataleó. Incluso gritó. Y tanto lloró, gimoteó, gritó y pataleó que, al final, la madre le dijo:

–Vale, de acuerdo. Toma un céntimo y ve a comprar el azafrán. Pero ¡ten mucho cuidado!

Y Garbancito, más contento que unas castañuelas, cogió la moneda y se fue a la tienda.

Por la calle iba cantando en voz alta:

–¡Pachín, pachán, pachón, mucho cuidado con lo que hacéis... Pachín, pachán, pachón, a Garbancito no piséis!

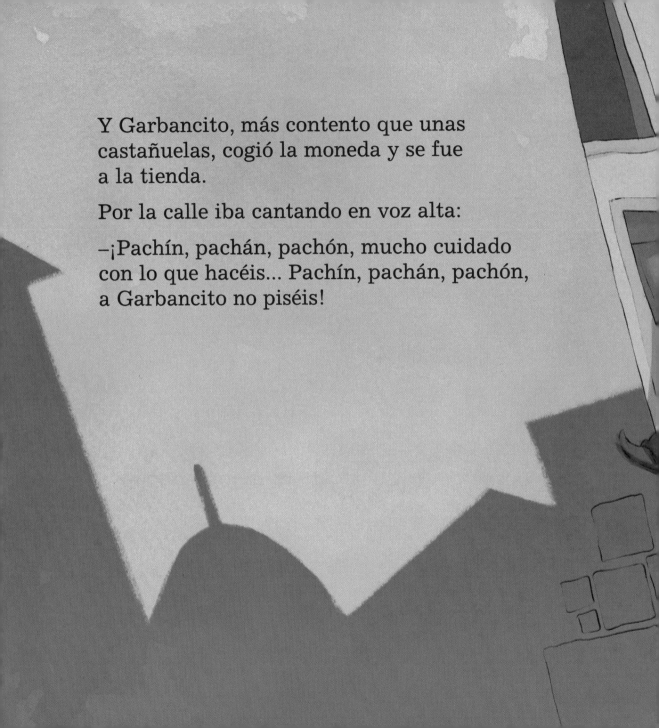

Garbancito llegó a la tienda de ultramarinos
después de andar un buen rato.

–Por favor, señor. ¡Quiero comprar un céntimo
de azafrán! ¡Un céntimo de azafrán! –se puso
a gritar Garbancito al tendero.

Pero el tendero, por más que miraba
y remiraba, no veía a nadie.

"Qué extraño", pensó el hombre. "¿De dónde
vendrán esas voces?".

–¡Aquí, aquí! –saltaba Garbancito con
la moneda en la mano.

Al tendero se le ocurrió entonces mirar al suelo
y vio... ¡una moneda que gritaba y saltaba!

El hombre no salía de su asombro.

"¡Cómo es posible que un céntimo pueda hacer
estas cosas!", se preguntó mientras se rascaba
la cabeza.

Pero Garbancito, que como ya hemos dicho
antes era listísimo, leyó el pensamiento del
hombre y, agitando la moneda, gritó:

–¡Aquí, aquí! ¡No soy una moneda,
soy un niño y quiero comprar
una bolsita de azafrán!

Por fin, el hombre se agachó y recogió a Garbancito del suelo. Y, mientras le dejaba suavemente en el mostrador, le dijo:

–¡Está bien, está bien! Espera aquí un momento. Ahora mismo te doy la bolsita de azafrán.

En un santiamén, el tendero trajo el azafrán. Garbancito cogió la bolsita, le pagó el céntimo al tendero y, más contento que unas castañuelas, salió de la tienda cantando.

–¡Pachín, pachán, pachón, mucho cuidado con lo que hacéis... Pachín, pachán, pachón, a Garbancito no piséis!

Al oír aquella canción, la gente que pasaba por la calle se volvía para ver quién cantaba. Pero lo único que veían era... ¡una bolsita de azafrán andarina y cantarina!

Imaginaos la cara de sorpresa que ponía todo el mundo. Creían que era cosa de magia.

Lo que no sabían es que, sosteniendo el azafrán, caminaba Garbancito, el niño más pequeño del mundo.

Pachín, Pachán, Pachón...

Cuando Garbancito llegó a su casa con la bolsita de azafrán en la mano, su madre se puso muy contenta. Y su padre, que acababa de llegar del trabajo, le dijo:

–Garbancito, como has sido muy responsable y has hecho muy bien el recado de mamá, mañana me acompañarás al campo y me ayudarás a guiar el caballo.

–¡Gracias, papá! –gritó Garbancito mientras botaba de alegría.

Al día siguiente, muy temprano, Garbancito y su padre salieron de casa. El niño se acomodó sobre una de las orejas del animal y comenzó a darle órdenes:

–¡A la derecha, caballito! Eso es..., ¡muy bien! Ahora recto, sigue recto sin dejar el camino...

El padre, que tiraba de las riendas del caballo, sonreía cada vez que su hijo abría la boca.

"Desde luego, este Garbancito es más listo que el hambre", pensaba.

Por fin llegaron al campo.

Mientras el padre recogía lechugas y tomates en un huerto para luego venderlos en el mercado, Garbancito bajó del caballo y decidió dar un paseo.

"Estirar las piernas me vendrá bien", pensó el niño.

Y camina que caminarás, Garbancito llegó a un prado de coles.

De pronto, empezó a llover a cantaros.

A Garbancito se le ocurrió meterse debajo
de una col para protegerse de la lluvia.

Pero un buey que pasaba por allí vio aquella col
y se la comió con Garbancito incluido.

"¡Qué mala suerte la mía!", pensó el niño
diminuto mientras caía al fondo de la panza del
buey. "Hay miles de coles en este prado y a este
buey despistado sólo se le ocurre zamparse
la que me servía de refugio".

Mientras tanto, el padre de Garbancito empezó a preocuparse al ver que el niño no regresaba de su paseo.

Pasó una hora y otra hora. Y otra. Y Garbancito no aparecía.

Entonces llegó la madre de Garbancito, muy preocupada porque su marido y su hijito tardaban más de la cuenta. Y cuando el hombre le explicó la razón del retraso, los dos comenzaron a buscar a Garbancito por todo el bosque:

–¡Garbancito, Garbancito...! ¿Dónde estás? –voceaban desesperados.

Pero Garbancito no respondía.

No se sabe cuánto tiempo pasaron los padres buscando a Garbancito. Horas y horas. Quizá días.

Pero cuando ya creían que le habían perdido para siempre, el hombre y la mujer llegaron a un prado de coles donde pastaba tranquilamente un buey.

–¡Garbancito, Garbancito…! ¿Dónde estás? –llamaron otra vez aquellos padres desesperados.

Al oír las voces, Garbancito respondió:

–¡Papá, mamá! ¡Estoy aquí, en la panza del buey, donde ni llueve ni nieva!

Muy contentos, los padres llegaron adonde estaba el buey y empezaron a hacerle cosquillas en la nariz. Entonces, el animal dio un gran estornudo y... ¡Garbancito salió volando por su boca!

Garbancito se puso muy contento al ver a sus papas.

Y después de despedirse del buey, los tres emprendieron el camino de regreso a casa cantando la canción que ya conocéis:

–¡Pachín, pachán, pachón, mucho cuidado con lo que hacéis... Pachín, pachán, pachón, a Garbancito no piséis!

fin

Actividades

Busca las
diferencias

Estos dos dibujos parecen idénticos, pero entre ellos hay cinco diferencias. Señálalas con un círculo en la ilustración de la derecha

Encuentra las letras

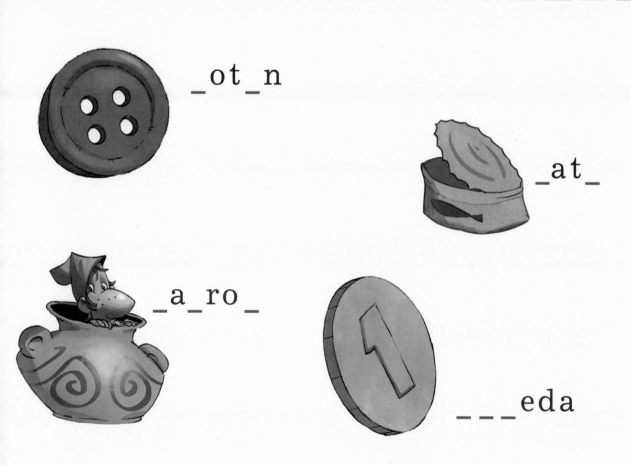

_ot_n

_at_

_a_ro_

___eda

Sopa de letras

Encuentra, en horizontal y vertical, estas palabras del cuento: **CALLE, GARBANZO, GUISO, AZAFRÁN** y **BUEY**.

N	C	A	L	L	E	L	S	T
H	R	C	O	A	E	A	Z	N
I	X	H	L	Z	P	J	A	U
G	A	R	B	A	N	Z	O	Z
U	L	R	E	F	J	U	R	C
I	M	N	S	R	A	L	S	E
S	E	O	V	A	E	A	U	S
O	R	D	L	N	B	U	E	Y

¿Recuerdas?

A ver si eres capaz de contestar a estas preguntas sobre el cuento. Marca con una cruz la respuesta correcta.

(1) **¿Qué va a comprar Garbancito a la tienda de ultramarinos?**

Una bolsita de azúcar.

Una bolsita de azafrán.

Una bolsita de sal.

(2) **Garbancito acompaña a su papá al campo y le ayuda...**

A recoger lechugas y tomates.

A recoger tomates y coles

A guiar el caballo.

(3) **¿Dónde se refugia Garbancito de la lluvia?**

Debajo de una col.

Debajo de una lechuga.

Debajo de un árbol.

Ordena la historia

Como ya conoces la historia de *Garbancito*, te será fácil numerar las ilustraciones por el orden en que aparecen en el cuento.

El laberinto

Garbancito se ha perdido en el bosque y sus papás no le encuentran. Ayúdalos a llegar hasta él trazando el camino con un lápiz.

¿Sabías que...?
El azafrán es una especia que se utiliza para condimentar algunas comidas y guisos.

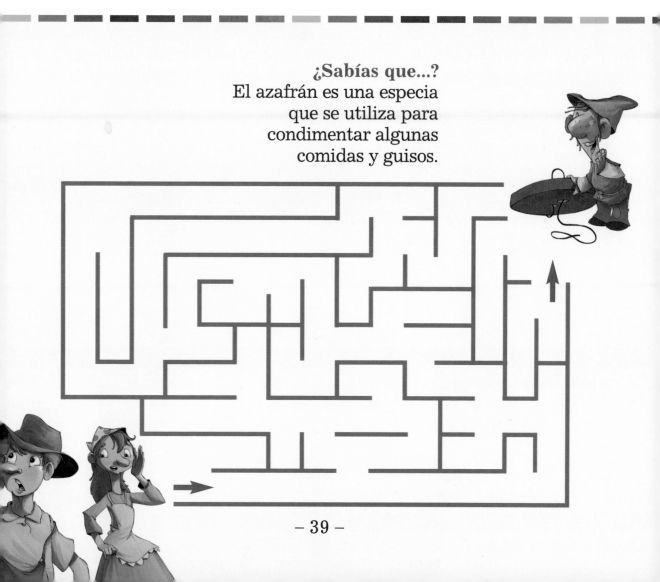

Completa

Al copiar este fragmento de la página 12 han volado algunas palabras rebeldes. ¿Puedes volver a colocarlas en su sitio?

Garbancito llegó a la tienda de _____ después de _____ un buen rato.

–Por favor, señor. ¡Quiero comprar un _____ de azafrán! ¡Un céntimo de _____! –se puso a gritar _____ al tendero.

céntimo

ultramarinos

Garbancito

azafrán

andar

Soluciones

■ Página 34

■ Página 35

botón, jarrón, lata, moneda

■ Página 36

■ Página 37

(1) Una bolsa de azafrán. **(2)** A guiar el caballo. **(3)**. Debajo de una col.

■ Página 38

De izquierda a derecha y de arriba abajo: **4, 3, 5, 6, 1, 2**

■ Página 39

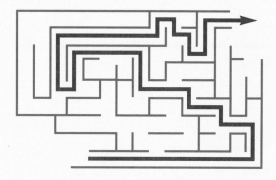

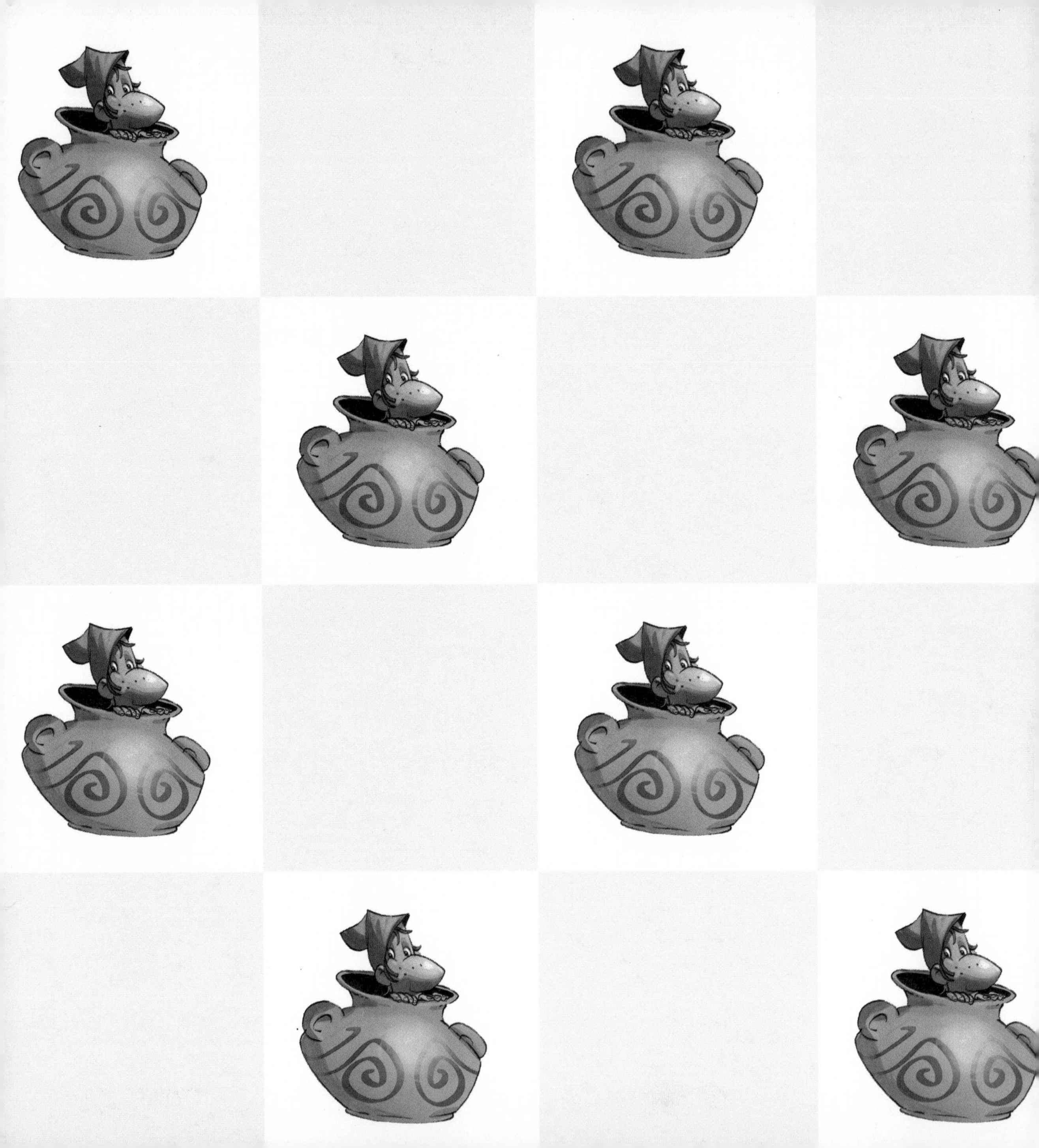